AF242249

DU TRAITÉ

DE LUNÉVILLE.

PAR FÉLIX-BEAUJOUR.

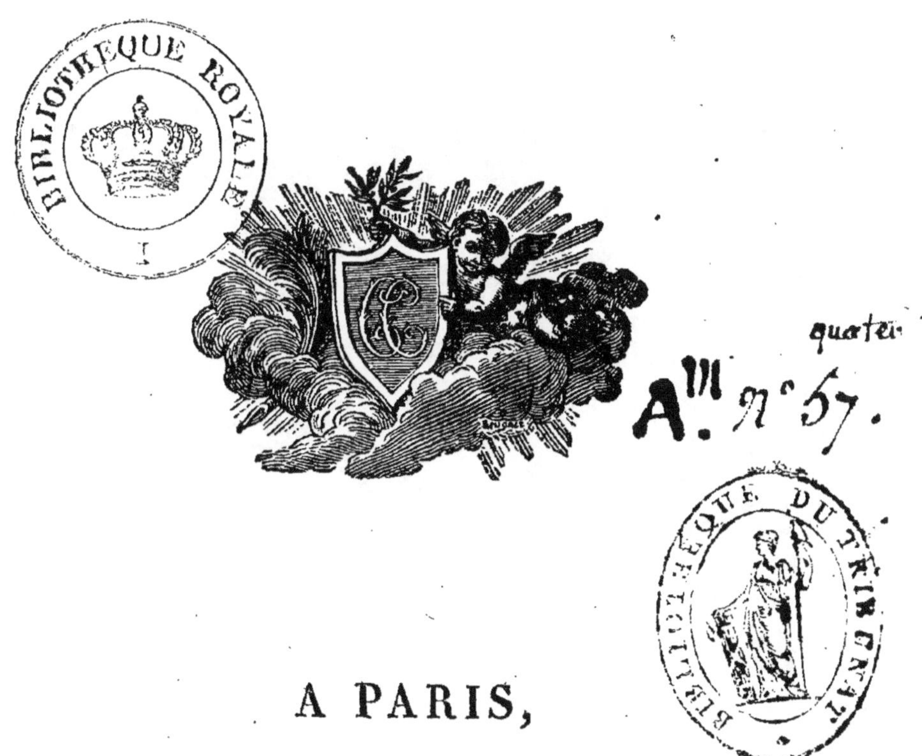

A PARIS,

DE L'IMPRIMERIE DE CRAPE.

AN IX — 1801.

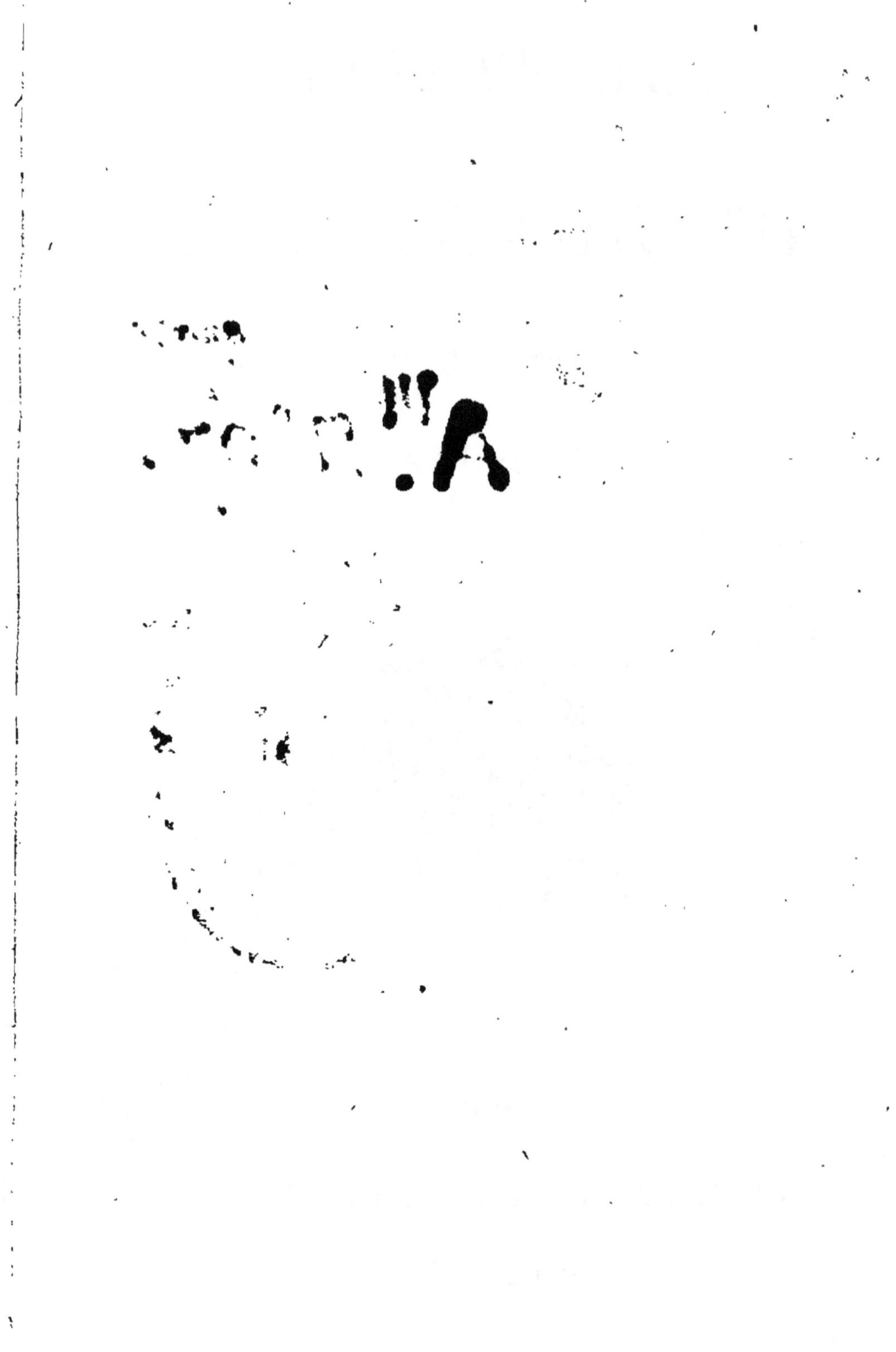

DU TRAITÉ

DE LUNÉVILLE.

Donner à la France le Rhin pour limite, écarter les Allemands de l'Italie, séparer l'Autriche et la France par des Etats intermédiaires, pour ne laisser entre ces deux Puissances aucun point de contact, et leur ôter ainsi tout prétexte de guerre : telles sont les trois principales dispositions du Traité de Lunéville.

Je vais les examiner séparément.

Je ne dirai pas que la nature avait marqué au Rhin la limite de la France, parce que la nature n'a point circonscrit les Empires comme des figures de géométrie ; mais je prouverai que la limite du Rhin est avantageuse à la France sous tous les rapports qui constituent la puissance, sous les rapports territorial, commercial et militaire.

La Belgique a 1,833 lieues carrées, de 25 au degré ; les départemens situés entre le Rhin et la Moselle en ont 1,094, et le département du Mont-Terrible en a 59. En somme, les départemens réunis ont 2,986 lieues carrées, et ils ont 11,573,723 arpens, en faisant l'arpent de 1,344 toises $\frac{4}{9}$.

Or, en estimant le produit net de l'arpent à 25 francs, ce qui m'a paru le taux moyen, et en supposant les cinq sixièmes de la superficie en culture, comme on peut l'inférer par les inductions les moins hasardées, on peut évaluer le revenu territorial des départemens réunis, à 241,119,250 fr.

On doit évaluer le revenu industriel à une somme au moins aussi forte, à cause de la richesse des fabriques belges, et sur-tout des fabriques de toileries et de dentelles, où presque tout le bénéfice est en main-d'œuvre, et à cause d'une balance de vingt millions dans un commerce extérieur de soixante millions, où la Belgique seule entre pour les deux tiers : ce qui donne un revenu général de près de cinq cents millions.

La Belgique a, d'après les calculs les mieux combinés, 2,977,881 habitans ; les départemens entre Rhin et Moselle en ont 1,563,909, et le département du Mont-Terrible, 35,954 : la population totale est donc de 4,577,744, et elle est de 1,533 individus par lieue carrée ; population supérieure à celle des plus belles contrées de l'Europe, et qui donne, sur la richesse territoriale et industrielle du pays, les mêmes résultats que j'ai recueillis sur la superficie du terrein. Car en estimant le revenu par la consommation, et en appréciant la consommation journalière et moyenne de chaque individu à six ou sept sols, d'après la supputation ordinaire, on trouve encore un revenu d'environ cinq cents millions : seul revenu imposable, qui constitue ce que nous appelons la richesse d'une nation, et le seul qui, en cas d'échange ou de cession, doive entrer dans la balance du négociateur.

Telles sont les valeurs statistiques. Voyons les valeurs morales et politiques qui se combinent avec elles, et qui peuvent les doubler ou les affaiblir de moitié.

La Belgique a toujours été un des grands marchés de l'Allemagne : le Traité de Lunéville ouvre ce marché à la France, et le ferme à l'Angleterre; il lui ferme aussi le Rhin et l'Escaut, et la réduit à ne pénétrer en Allemagne que par l'Ems, le Weser, l'Elbe, ou par le long détour de la Baltique.

L'ouverture de l'Escaut prive Amsterdam de tous ses avantages, et les donne tous à Anvers, qui voit remonter dans son port les plus gros navires, tandis que les vaisseaux du tonnage le plus médiocre ne peuvent pénétrer dans celui d'Amsterdam trop enfoncé dans le Zuiderzée, qu'à l'aide des allèges, et ne peuvent en sortir que péniblement, à cause des barres qui bouchent l'entrée du Texel.

Amsterdam ne conserve plus alors d'autre supériorité sur Anvers, que celle d'un capital immense, accru depuis deux siècles, mais qui va s'écouler insensiblement dans la Belgique, selon le cours ordinaire des choses, qui veut que tout capital aille toujours chercher l'emploi le plus utile.

Considérée sous le rapport militaire, la nouvelle limite nous donne, d'une part, par Flessingue et l'Ouest-Flandre, des prolongemens et des revers sur la côte d'Angleterre la plus découverte et la plus accessible à une escadre; et de l'autre, elle lie à nous par mille fils la Suisse et la Hollande, et les assujétit à notre politique par tous les motifs qui peuvent agir sur les nations, par la reconnoissance, l'intérêt et la peur. Or, par la Suisse et la Hollande, nous tenons toute l'Allemagne en échec : par la Suisse, nous la tournons sur son flanc gauche; par la Hollande, sur son flanc droit, et nous débouchons par tous les points du Rhin sur toute l'étendue de son front. Voilà pour l'attaque. Quant à la défense, la France, la Suisse et la Hollande, unies ensemble, présentent, du côté de l'Allemagne, l'aspect de deux bastions liés par une longue courtine; et cette courtine est défendue par une ceinture de places fortes, qui se flanquent les unes les autres, et vont ensuite s'appuyer, d'un côté sur les eaux de la Hollande, et de l'autre sur les montagnes de la Suisse. Cette ligne formidable, que Lloyd appelait un *front d'airain*, couverte par le Rhin comme par un grand fossé, ne devient-elle pas impénétrable? Et si les Allemands entreprennent jamais de la forcer, l'éveil général donné aux peuples par cette téméraire entreprise, n'appellerait-il pas les légions françaises à la défense des points menacés, comme il y appelait jadis les légions romaines, lorsqu'elles apprenaient que les Germains avaient passé le Rhin, et touché le territoire de l'Empire?

Je ne nierai pas cependant qu'il nous eût été avantageux de conserver des têtes de pont sur la rive droite du fleuve, pour offrir, dans une guerre offensive, une retraite à nos armées après une défaite; mais la justice ne permet pas de garder la clé de la maison de son voisin, quand on veut lui fermer la sienne. Concluons donc que la première disposition du Traité, qui donne à la France la limite du Rhin, est une disposition très-sage. La seconde, qui donne la Toscane à un Infant d'Espagne, et qui ferme l'Italie aux Allemands, ne l'est pas moins.

L'Espagne est liée à la France par ses colonies et par son voisinage : par ses colonies, qui deviendraient la proie des Anglais, si nous n'aidions à les défendre : par son voisinage, parce que la nature condamne deux nations voisines à se haïr et à se combattre, quand elles sont d'une force égale; et qu'elle condamne, quand elles ne le sont pas, la plus faible à tourner autour de la plus forte, comme un satellite tourne autour de sa planète. Cette loi est aussi ancienne que le monde, disaient les Athéniens aux insulaires de Mélos, qui voulaient se soustraire à l'alliance d'Athènes. Nous pouvons être plus polis que les Athéniens; mais nous ne saurions être plus désintéressés. Nous devons donc chercher à accroître la Puissance espagnole, puisque cette Puissance se confond avec la nôtre : en donnant la Toscane à un Infant, nous avons donc autant servi notre cause que celle de l'Espagne.

La position de l'Infant Duc de Parme, au cœur de l'Italie et au milieu d'Etats plus puissans que le sien, était embarrassante et précaire : en le transférant en Toscane, nous l'avons éloigné de tout danger, et nous l'avons rapproché des secours espagnols, qui pourront désormais lui arriver par mer et par Livourne.

En assignant, d'un autre côté, au Grand-Duc une indemnité en Allemagne, nous avons relégué les Allemands hors de l'Italie, et nous avons presque réalisé le beau projet de Rienzi et de Jules ii, qui voulaient fermer l'Italie aux étrangers, et unir entre eux les divers gouvernemens de ce pays, pour en former une masse homogène, animée des mêmes intérêts et des mêmes passions.

Or, la mesure qui écarte les Allemands de l'Italie, n'est pas moins avantageuse aux Français qu'aux Italiens, parce que ces deux peuples ont besoin l'un de l'autre, et n'ont besoin que d'eux.

Les Français ont besoin de l'Italie pour trouver dans ses ports un asyle à leur commerce et à leurs flottes, et pour se donner plus de prise sur la Turquie, Puissance qui tombe en dissolution, et dont ils doivent être toujours prêts à saisir un lambeau; et l'Italie a besoin des Français pour ne pas devenir la proie des barbares, qui ont toujours convoité la richesse de son sol et la beauté de son climat. L'Espagne et l'Italie, placées aux deux extrémités de l'Europe, mais trop favorisées par la nature pour n'être pas exposées à tous les dangers de l'envie, ne peuvent fleurir que derrière la France, comme derrière un boulevard.

L'Italie a encore besoin de la France pour y chercher l'échange le plus avantageux de ses produits ; et nous, nous avons besoin de l'Italie pour maintenir notre influence en Europe, et sur-tout pour écarter toute influence étrangère de Naples et de Rome : de Naples, qui est maîtresse de Messine, une des portes du Levant, et d'une escadre qui, pour la liberté des mers, doit combattre avec nos flottes et non contre elles : de Rome, parce que tant que la religion sera dans les mains de la politique un levier propre à remuer les nations, la sagesse veut qu'on en place le point d'appui dans une ville indépendante, afin qu'aucune Puissance ne puisse impunément troubler le repos des autres.

Dans ce déplacement de Puissances italiennes, la politique n'a donc rien à nous reprocher. L'Histoire nous reprochera peut-être la destruction d'une république antique, qui sauva deux fois les arts et les monumens de l'Europe de la fureur des Huns et des Turcs, et qui, assise au milieu de ses lagunes , comme Neptune au milieu des flots, fut, pendant douze siècles, la reine de l'Adriatique et de l'Archipel : mais l'Histoire dira que cette grande destruction fut bien moins notre ouvrage que celui de la nature, qui veut que tout ce qui est corrompu périsse : elle dira aussi que le don de Venise fut une pomme de discorde jetée à Udine par une main habile au milieu des cours coalisées, qui ne purent plus exiger depuis que la France rentrât dans ses anciennes limites, sans exiger la même chose de l'Autriche, déterminée à tout sacrifier, même ses affections les plus chères, plutôt qu'à lâcher sa riche proie.

Ce don, d'ailleurs, fut moins l'ouvrage de la générosité que celui de la politique, qui le restreignit à la rive gauche de l'Adige, pour concentrer et faciliter la défensive de l'Italie, et éloigner de ce pays le théâtre de la guerre. Environnés de toutes parts par les Alpes et par la mer, les Italiens n'ont plus maintenant qu'à garder la courte ligne du

Mincio, flanquée de Peschiera et de Mantoue, tandis que les Autrichiens ont à défendre la longue ligne de l'Adige; en sorte qu'en cas d'attaque de part ou d'autre, les uns ont à défendre l'arc et les autres la corde.

En reléguant les Allemands hors de l'Italie, le Traité de Lunéville n'en facilite pas seulement la défensive; il sépare encore par des régions intermédiaires la France de l'Autriche, et ne laisse plus entre ces deux Puissances aucun sujet réel de division. Ainsi les premiers hommes se partageaient la terre, pour que les querelles de leurs bergers ne troublassent pas leur repos.

L'Autriche, avant la guerre, avait des frontières par-tout, et des limites nulle part: elle pouvait être conquise dans la Belgique et la Lombardie, avant que son conseil aulique fût assemblé. Cette Puissance était alors vulnérable en trop d'endroits, pour n'être pas inquiète, turbulente, tracassière. Le Traité de Lunéville, en la circonscrivant mieux et en lui donnant une coupure plus arrondie, simplifie son système d'administration et de défense, et lui ôte ces inquiétudes et ces ombrages qui faisaient son tourment et le tourment de toutes les nations voisines.

Son administration moins éparpillée, sera moins distraite ; elle sera par conséquent moins dispendieuse et meilleure ; et ce sera là un bien que nous aurons fait aux sujets, en ne paroissant stipuler que pour le prince.

Par la nouvelle circonscription, l'Autriche se trouve défendue dans ses guerres avec la France ; sur son front, par la vaste citadelle du Tyrol, qui se lie, d'une part, à la ligne de l'Adige, et de l'autre, à la ligne de l'Inn ; et sur ses flancs, d'un côté, par l'Adriatique qui lui sert d'épaulement, et de l'autre, par la ligne de la Bohême, qui va du confluent de l'Inn et du Danube à Egra, et qui est couverte par les montagnes comme par un rempart.

Cette belle ligne de défense, qui se prolonge par divers circuits, depuis l'Adriatique jusqu'à l'angle que forment en se joignant la Bohême et la Saxe, est assez forte dans son ensemble pour rassurer l'Autriche : mais elle ne l'est point assez dans ses détails pour ne pouvoir pas être percée ; et c'est-là que se montre l'habileté du négociateur français : car, en ne stipulant pas la cession de l'arche-vêché de Salzbourg, comme elle avait été stipulée dans les articles secrets du Traité de Campo-Formio, il paraît avoir voulu cou-vrir par-tout les Etats héréditaires, et les découvrir cependant sur l'Inn supérieur, qui est le point par où les armées françaises doi-vent désormais attaquer l'Autriche, si elles veulent d'un seul coup séparer ses provinces les unes des autres, isoler leur défensive et couper la guêpe par le milieu.

L'Inn, depuis sa sortie du Tyrol, est une rivière très-encaissée, bordée sur sa rive droite d'une chaîne de rochers, qui n'est rompue qu'en quelques points entre Kufstein et Wasserbourg. Ces points sont les seuls qui ne dominent point la rive gauche, et les seuls qui, étant vus par l'artillerie, peuvent être abordés. Qu'on donne à l'Autriche Salzbourg, et par conséquent la faculté de fortifier ces points; et elle devient invulnérable.

Mais si l'Autriche n'a pas trop d'avantages pour se défendre, la France n'en a pas assez pour l'attaquer.

La France ne peut plus attaquer l'Autriche que sur la ligne du Tyrol et de la Suisse, ou sur celle de l'Inn et de l'Adige : or, l'une et l'autre de ces attaques présentent trop d'inconvéniens.

La ligne de l'Inn est séparée de notre ligne du Rhin par un rayon de quatre-vingts lieues, et la ligne de l'Adige l'est par un rayon de quatre-vingt-cinq de notre ligne des Alpes : or, il est démontré qu'aucune armée constituée comme le sont les armées modernes, ne peut agir, sans s'exposer à être coupée, sur une ligne d'opérations de plus de quarante lieues, à moins qu'elle ne communique avec ses dépôts par des canaux navigables, ou qu'elle n'occupe un front immense : c'est la raison qui a fait perdre les Pays-Bas à l'Autriche dans toutes les guerres de Flandre, et qui a fait de l'Italie le tombeau des armées françaises, tant qu'elles sont allées guerroyer à l'extrémité de la presqu'île, au lieu d'en occuper la tête, comme dans la guerre présente. Je sais que le génie de la guerre a quelquefois déconcerté, par des marches brusques et savantes, les plans de défense les mieux combinés, et nous en avons sous les yeux deux exemples qui seront célébrés dans l'Histoire ; mais ce génie n'est donné qu'à quelques êtres privilégiés, et, pour deux succès, on compte mille défaites.

Cette considération fera sans doute changer le théâtre de nos guerres avec l'Autriche, et le transportera des bords de la Meuse et du Rhin dans les montagnes de la Suisse. Mais l'attaque par la Suisse ne nous offre pas moins d'inconvéniens que celle par l'Inn et l'Adige ; car, sans parler de la difficulté de nourrir une armée dans un pays qui ne peut nourrir ses habitans, le terrein de la Suisse est par-tout si âpre et si montueux, qu'une petite armée peut y tenir long-tems tête à une plus forte, et que deux armées égales doivent finir par s'y entre-détruire, à force d'escarmouches et de combats. Sur la Meuse et le Rhin, une ou deux batailles gagnées décident ordinairement du succès d'une campagne; au lieu qu'en Suisse, une victoire ne peut donner d'autre avantage que celui d'occuper une position plus avancée, et d'aller d'une ligne à l'autre, comme de la Limath à la Reuss, et de la Reuss à l'Aar, ou de revenir de l'Aar à la Reuss, et de la Reuss à la Limath; en sorte qu'on ne peut faire un mouvement sans livrer une bataille : ce qui fait dépenser beaucoup d'hommes, pour donner un médiocre résultat.

Or, la difficulté de faire la guerre doit en ôter l'envie.

On peut donc se flatter que le Traité de Lunéville, en reléguant les Autrichiens au-delà de l'Inn et de l'Adige, et les Français en-deçà du Rhin et des Alpes, rendra les guerres entre ces deux peuples plus rares ; et c’est-là un bien que les sages démarcations feront toujours aux hommes, en les contenant dans leur pays, comme les digues contiennent les fleuves dans leurs lits.

La seule objection spécieuse qu’on puisse faire au Traité de Lunéville, est celle qu’on a faite au Traité de Campo-Formio.

On a, dit-on, donné à l’Autriche, dans la Terre-Ferme et dans la Dalmatie, plus de terrein et de population qu’on ne lui en a pris dans la Belgique et dans la Lombardie. Oui. Mais il faut avouer aussi qu’on lui a donné du cuivre pour de l’or. Et puis, ce n’est pas seulement par l’importance des valeurs statistiques qu’il faut juger de la valeur des États, mais encore par l’importance des valeurs morales et politiques : or, sous ce dernier rapport, il est incontestable que la France a plus acquis que l’Autriche.

On lui a, ajoute-t-on, donné des matelots dans les Esclavons, des vaisseaux dans les bois d'Albanie, et dans l'Adriatique le commerce du Levant.

Enfin, on a paru craindre, sous le rapport militaire, que l'Autriche, maîtresse de la Dalmatie, n'enveloppât la Bosnie par trop de points, et que cette province turke, dépourvue de forteresses, une fois conquise, ne laissât à découvert la Servie, l'Epire, la Macédoine, et toute la Grèce.

Je répondrai, qu'ayant privé le commerce extérieur de l'Autriche de son issue par Ostende, il était juste qu'on lui laissât celle de l'Adriatique ; que la marine esclavonne ne doit pas plus nous alarmer que celle de Naples, ni son commerce plus que celui de Venise ; que la France étant la Puissance européenne la plus riche de son propre fonds, son intérêt n'est pas tant d'empêcher le développement maritime des petites Puissances que de le favoriser, pour balancer avec elles la Puissance anglaise, et nous faire des amis de toutes les nations.

Je répondrai, sous le point de vue militaire, que notre position relative avec les Turks ayant changé depuis la conquête de l'Egypte, notre devoir n'est plus de défendre leur Empire; que s'il est beau de respecter l'amitié, même après qu'elle est éteinte, on ne doit rien à des barbares qui ont violé ses obligations les plus saintes; que la politique de la France exige, il est vrai, que leur pays ne soit occupé que par une Puissance qui nous offre autant d'avantages commerciaux qu'ils nous en offraient eux-mêmes, mais qu'elle ne s'oppose point à ce qu'il soit cultivé par des mains plus industrieuses, et régi par un gouvernement moins ennemi de la pensée; et qu'enfin il n'est pas en notre pouvoir de redonner la vie à un corps énervé, ni de rajeunir un arbre pourri dans ses racines.

D'ailleurs, il n'était pas plus de notre politique d'écraser l'Autriche par le Traité de Lunéville, qu'il ne l'avait été d'écraser la Prusse par le Traité de Bâle, parce que ces deux Puissances se servent mutuellement

de digue l'une à l'autre, et qu'elles en servent toutes les deux aux nations du Nord,
qui, par la loi tirée des climats, presseront
toujours sur celles du Midi. Il faut, au centre
de l'Europe, des forces suffisantes pour ar-
rêter le déversement des peuples les uns sur
les autres. Pour l'intérêt même de la France,
il doit exister des contrepoids qui la main-
tiennent dans la sagesse et dans la vigilance.
Les grands empires de l'antiquité ont tous
péri par le défaut de Puissances rivales. La
France peut aspirer sans doute à un degré
de force qui lui garantisse le haut rang
qu'elle a pris parmi les nations civilisées,
et sa vieille et nouvelle gloire : mais elle
doit redouter, comme l'infamie, la domi-
nation suprême. Le dernier terme de la
grandeur est le commencement de la dé-
cadence.

Et pour appliquer ces maximes au Traité
de Lunéville, je trouve tout simple que le
Gouvernement qui a dicté la paix, l'ait faite
bonne et glorieuse pour sa nation : mais il

ne devait pas la faire inquiétante pour l'Europe, ni humiliante pour son ennemi ; parce que les nations se pardonnent à la longue tous leurs torts, mais ne se pardonnent jamais le mépris.

Je respecte le voile qui couvre nos futures destinées : mais on est appelé à être bien grand, quand on est si généreux ; et bien fort, quand on débute avec tant de sagesse.

Si, de l'ensemble du Traité on passe maintenant aux détails, on n'y trouve, il est vrai, aucune de ces subtilités diplomatiques qui prouvent la faiblesse plus que la finesse, point de ces vues mesquines qui firent tant disputer à Rastadt pour une ou deux têtes de pont, et pour quelques misérables rubans de terre ; mais on y trouve par-tout des intentions franches, loyales, généreuses, beaucoup d'adresse à déverser sur l'Autriche tout l'odieux des dédommagemens, et une grande dextérité à éluder ou à trancher les difficultés de la négociation la plus épineuse qui se soit présentée depuis la Paix de Westphalie : et si l'on y entrevoit, comme à travers un nuage, la politique constante de ce vieux Cabinet, qui, pareil à la Providence, fait servir tous les événemens heureux et malheureux de ce monde au succès de ses vues, on y voit aussi, dans tout son jour, la politique généreuse d'un gouvernement naissant, qui veut renouer tous les liens de l'association européenne, rompus ou relâchés par le malheur des tems.

F I N.

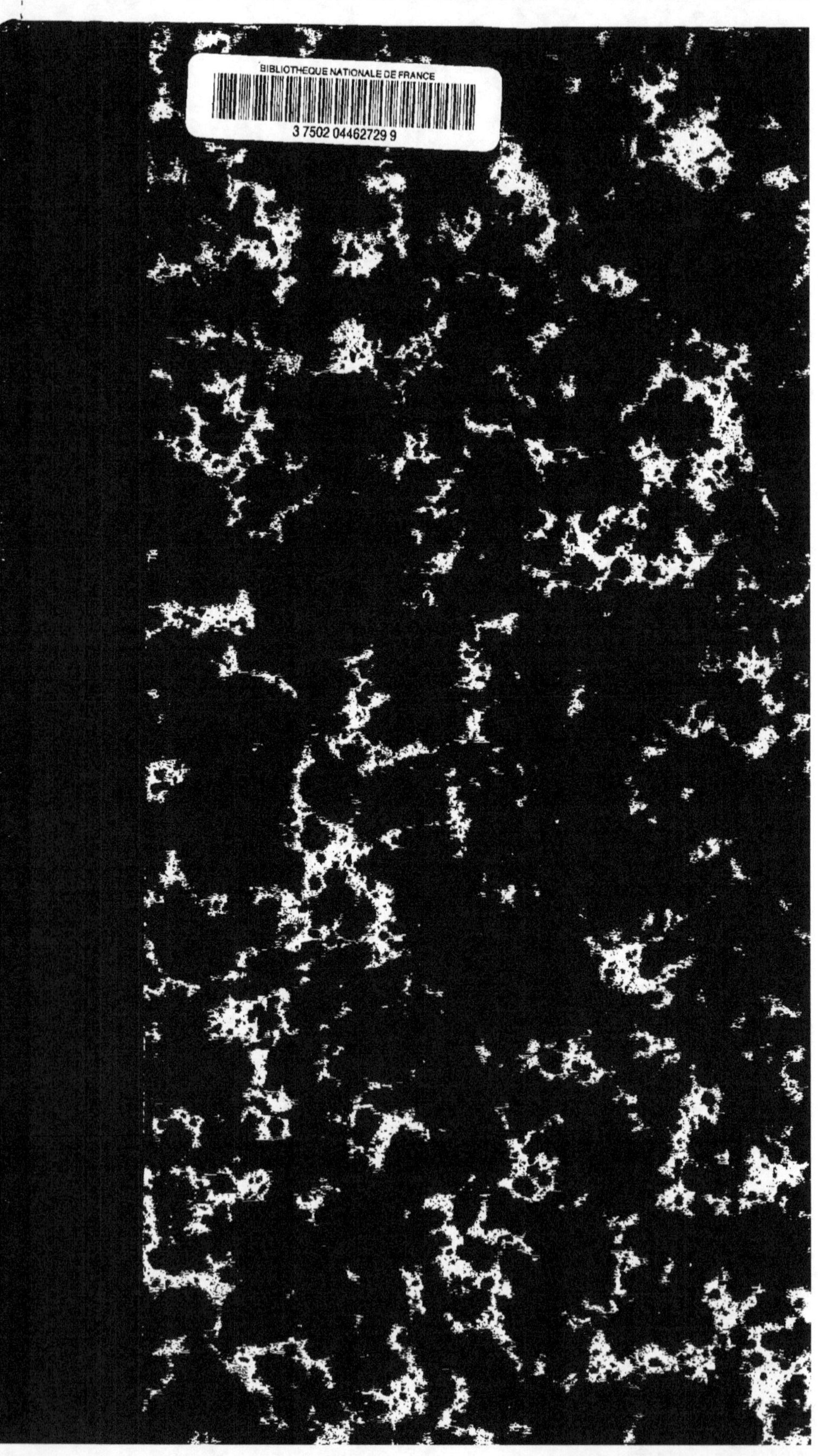